Η Ελενίτσα και η Μαρίτσα
πάνε στο Γιατρό

Ελένη Τέγου, Στα εγγόνια μου Νικόλα, Δήμητρα, Έλενα
Άννα Φαχαντίδου, Στα παιδιά όλου του κόσμου

μέθεξις εκδόσεις

Θεσσαλονίκη 2014

Η επικοινωνία με τα παιδιά είναι μια τέχνη που χάνεται.
Το παραμύθι είναι το μέσον, που τη βοηθά να βγει και πάλι στο φως.

Κατασκευή εξωφύλλου: Άννα Φαχαντίδου
Εικονογράφηση: Άννα Φαχαντίδου
Επιμ. έκδοσης: Εκδόσεις Μέθεξις

© Copyright Ελένη Τέγου - Άννα Φαχαντίδου

© Copyright Εκδόσεις Μέθεξις 2014
Κεραμοπούλου 5, Θεσσαλονίκη ΤΚ 546 22
Τηλ. - Fax: 2310-278301
e-mail: info@metheksis.gr
www.metheksis.gr

ISBN: 978-960-6796-54-8

Αριθμ. Έκδοσης 58

Ελένη Τέγου - Άννα Φαχαντίδου

Η Ελενίτσα και η Μαρίτσα
πάνε στο Γιατρό

Τι κακό έπαθα εγώ; Λέει η Ελενίτσα.

Θα με πάνε στο γιατρό.

Έχει ένα βαλιτσάκι,

μα είμαι εγώ μικρό παιδάκι.

Έχει μέσα ακουστικά,

 φάρμακα και μυστικά.

Τι το θέλει το σφυράκι, την μεζούρα το ξυλάκι;

Θα μου κάνει ενεσούλα;

Θα μου τρίψει την   πλατούλα;

Δεν μπορώ να κοιμηθώ σαν θυμάμαι το γιατρό!

Όταν όμως σηκωθώ γίνομαι παιδί σωστό.

Είμαι εγώ η Ελενίτσα και δεν μοιάζω τη Μαρίτσα.

Αυτή σαν βλέπει το γιατρό κάνει νάζια ένα σωρό.

Τρέχει η μύτη σαν βρυσούλα

και όλο κλαίει σαν γατούλα.

Σαν τη σβούρα τριγυρίζει

και το στόμα της αφρίζει.

Σαν χτυπά τα ποδαράκια
μοιάζει με τα αλογάκια.
Σφίγγει δυνατά τα χέρια
και με φόρα τα κουνάει.
Πέρα δώθε τριγυρνάει.
Τότε ο καλός γιατρός
περιμένει εκεί στητός.
Δίνει μια καραμελίτσα
και ανοίγει τη βαλίτσα.
Βγάζει τα ακουστικά,
την κοιτάζει γελαστά.
Έρχεται και η μαμά της,
ο μπαμπάς και η γιαγιά της.

"Σήκωσε τα ρουχαλάκια",
"άνοιξέ μας τα χειλάκια".
τα έχει κλείσει με θυμό,
σου θυμίζει το μωρό.
Το ωραίο προσωπάκι
γίνεται σα μαϊμουδάκι.
Δεν γνωρίζει, δυστυχώς,
πόσο αξίζει ένας γιατρός.
Με στοργή θα την κοιτάξει.
Το μουτράκι της θ' αλλάξει:
Θα είναι ένα παιδί γερό,
αφού πάρει γιατρικό.
Θα μπορεί πάλι να τρέξει,
με τις φίλες της να παίξει.
Δεν θα είναι πια γκρινιάρα,
δεν θα βήχει από το κρύο,
δεν θα χάσει το Σχολείο.

Μια φορά η Ελενίτσα πήγε
στο Νοσοκομείο.
Της πονούσε το ματάκι
και έτρεμε σαν το ψαράκι.
Δεν μπορούσε να σταθεί
ούτε μάθημα να πει.
Οι γιατροί
και οι νοσοκόμες
"τι να έπαθε"
ρωτούσαν,
με αγάπη
την κοιτούσαν.
Η Ελενίτσα εξηγούσε,
να την γιάνουνε
ζητούσε.
Ήταν ευγενική,
και σε όλους βολική

Αυτή δεν ήταν φοβιτσιάρα
σαν την Μαρίτσα
την γκρινιάρα!
Την ξαπλώσαν
σε κρεβάτι
με σεντόνια καθαρά
και της έδωσαν βιβλία
τον καιρό της να περνά.
Είχε και άλλα
δυό κρεβάτια
με παιδάκια γελαστά.
Είχαν γάζες στο κεφάλι,
την κοιτούσ αν τρυφερά.
Ήθελαν να γίνουν φίλοι
και να γίνουνε καλά.

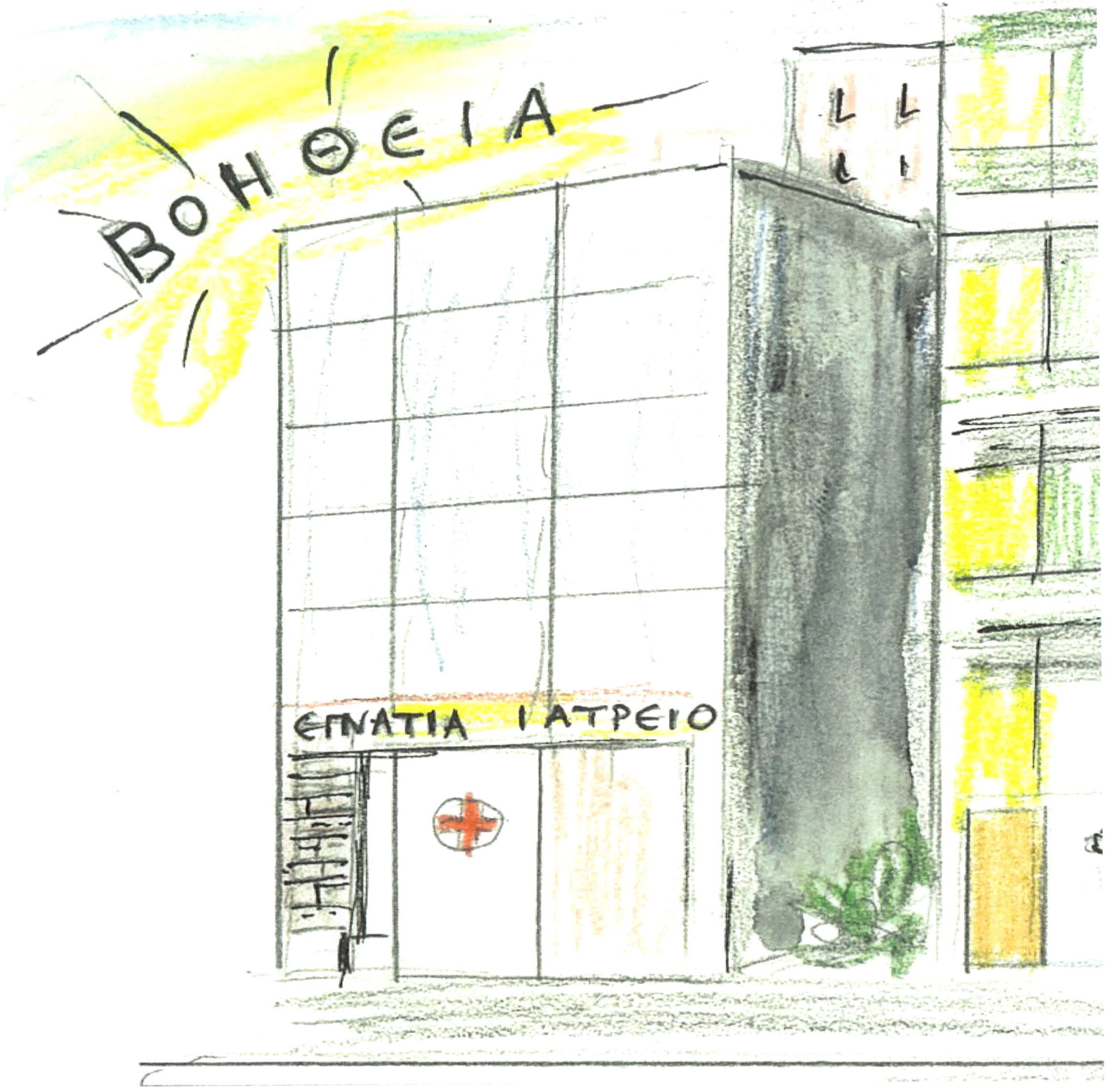
ΒΟΗΘΕΙΑ
ΕΓΝΑΤΙΑ ΙΑΤΡΕΙΟ

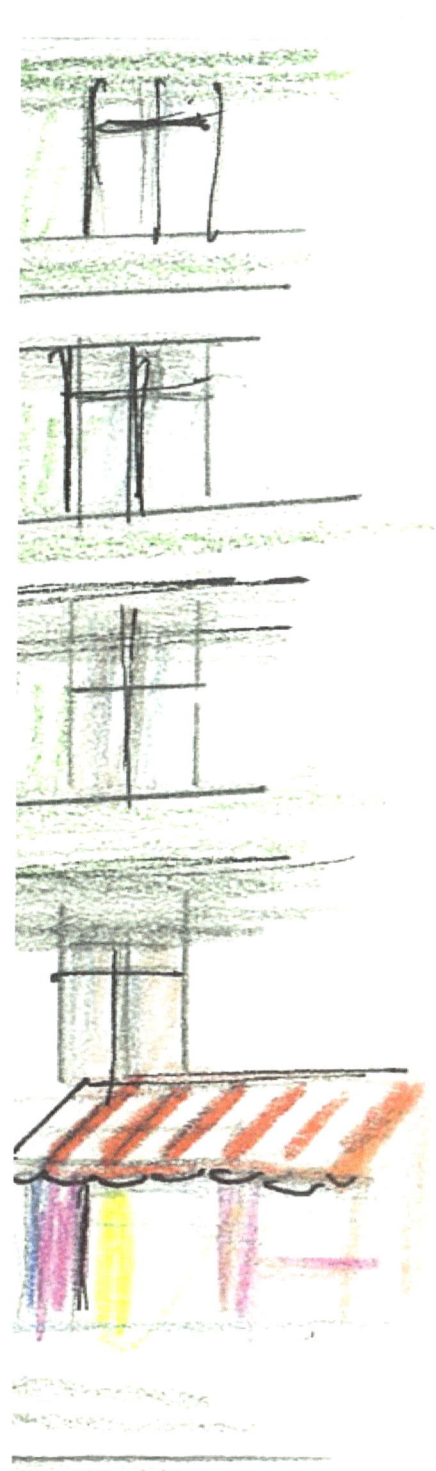

Νάτη τώρα η Μαρίτσα!
Μια μικρή ξανθιά κουκλίτσα!
Έχει φόβο τρομερό
σαν πηγαίνει στο γιατρό.
Το ιατρείο που πηγαίνει
βρίσκεται στην Εγνατία
και το κλάμα της ακούει
όλη η πολυκατοικία.
Ο παιδίατρος κ. Νότης
σαν τη βλέπει απορεί.
"Έλα να παίξουμε κρυφτό",
δε σου βάζω τον ορό!
Της λέει: "Πως κάνεις έτσι;
δεν είσαι πια μωρό!
Αν δεν έχεις την υγειά σου,
θα χαλάσει η ομορφιά σου
δεν θα θές ούτε νερό".

13

"Ζήτησε από τη μαμά σου
να έρθετε μια μέρα στο Νοσοκομείο!
Να δεις όμορφα παιδάκια
που δεν έχουνε μαλλάκια!
Κάνουνε υπομονή
όταν τους βάζουνε ορό
για το δικό τους το καλό".
Αγαπάνε τους γιατρούς
και όλους στο Νοσοκομείο
που δουλεύουνε σκληρά
για να γιατρέψουν τα παιδιά.
Η Μαρίτσα μας, λοιπόν,
πήγε στο Νοσοκομείο.
Ήταν Πέμπτη μεσημέρι
και όλοι της έδιναν το χέρι.

Να που ο φόβος κόπηκε μαχαίρι!
Κοριτσάκια και αγοράκια
διάβαζαν παραμυθάκια.
Κάθε μέρα ενεσίτσα.
Είναι γενναία η Μαρίτσα!
Σαν την φίλη της την Ελενίτσα.
Λέει σε όποιον την ρωτάει:
"Θάρθω και αύριο στο Νοσοκομείο.
Για παρέα και ενεσούλα.

ΙΑΤΡΕΙΟ

Θα είμαι πιο γενναία

από τη φίλη μου τη Σούλα.

Δεν θα πονέσω πολύ και η μαμά

 θα μου δώσει ένα φιλί.

Θα φωνάζω γιούπι - γιούπι - γούρι.

Θα μου δώσουν γλειφιτζούρι.

Η Μαρίτσα φεύγει για το σπίτι γελαστή.

Σα να μεγάλωσε πολύ.

Τα άρρωστα παιδάκια

που δεν φοβούνταν τον ορό

δε λένε να της φύγουνε από το μυαλό.

Κάθε φορά θα είμαι και πιο φρόνιμη θαρρώ.

Θα έχω δύναμη και υγεία,

δεν θα φοβάμαι τον γιατρό.

Η ΕΛΕΝΙΤΣΑ ΚΑΙ Η ΜΑΡΙΤΣΑ
ΜΑΖΙ ΤΡΑΓΟΥΔΟΥΝ

Ο καλός μας ο γιατρός
είναι ένας μικρός Θεός
σαν πονάει ο λαιμός μου
γίνεται ο άγγελός μου.

Ανοιχτό το στοματάκι
κι ένα καθαρό ξυλάκι
για να δεί τι μου συμβαίνει
όλα τα καταλαβαίνει.

Όταν είμαι κρυωμένο
πάντα στο γιατρό πηγαίνω
βάζει τα ακουστικά
και να βήξω μου ζητά.

Σαν πονάει η κοιλίτσα
μου ζουλάει σαν μπαλίτσα
σαν πονά το κεφαλάκι
θα μου δώσει φαρμακάκι.

Δεν φοβάμαι το γιατρό
και με τα παιδιά γελώ
που το βάζουνε στα πόδια
και όλο φέρνουνε εμπόδια.

Τόση δα, μια ενεσούλα
και τούς έρχεται τρεμούλα
και αν το δόντι τους πονάει
ο Θεός να σε φυλάει!
Και όταν είναι για να βγεί
το τραβούν με μια κλωστή.

Είμαι εγώ παιδί καλό
και έχω φίλο το γιατρό
ξέρω πόσο μ' αγαπάει
και για μένα ξαγρυπνάει.

Όποτε τον χρειαστούμε
με τη τσάντα θα τον δούμε
νάρχεται όλο χαρά
να γιατρέψει τα παιδιά.

Λίγα λόγια για τις Συγγραφείς

Η Ελένη Τέγου είναι μέλος της Ένωσης Λογοτεχνών Βορείου Ελλάδος, της Αμφικτυονίας Ελληνισμού και πολλών άλλων συναφών σωματείων. Στηρίζει την οικογένεια, που στις μέρες μας δεινοπαθεί. Έχει βαθιά πίστη στον άνθρωπο με την πεποίθηση πως ό,τι δώσεις στη ζωή σου με χαρά και αγάπη θα σου επιστραφεί στον μεγαλύτερο βαθμό. Είναι βραβευμένη από φορείς για την προσφορά της στα γράμματα και σε έργα ευποιίας.

Τιμήθηκε με τον Αργυρό Σταυρό του Ελληνικού Ερυθρού Σταυρού, τον «Χρυσό Ήλιο της Βεργίνας» το οικόσημο του Μουσείου «ΛΟΥΚΙΑΣ ΓΕΩΡΓΑΝΤΗ», το λάβαρο της Ελληνικής Ακαδημίας Αεροπορίας, το έμβλημα της Ευρώπης κ.α.

Άσκησε το επάγγελμα της Κοινωνικής Λειτουργού για είκοσι χρόνια. Η εργασία της έκτοτε είναι εθελοντική και ανθρωποκεντρική. Έγραψε έξι βιβλία με θεματολογία που αφορά κοινωνικά και παιδαγωγικά ζητήματα. Ασχολήθηκε σοβαρά με γονείς και τα παιδιά τους. Πιστεύει πως έχει σημασία να μάθουμε να ακούμε και να επικοινωνούμε σωστά. Τα βιβλία της έχουν ταξιδέψει σε βιβλιοθήκες ανά τον κόσμο.

Εθελοντική Δραστηριότητα

1. Με κέντρο Εργαζομένου κοριτσιού Λαμίας. (1972-5)
2. Με οικοτροφείο θηλέων στο Κολυμπάρι, Χανίων, Κρήτης. (1975-77)
3. Με εκπαιδευτικούς και γονείς Κοζάνης. (1977-79)
4. α) Στήριξη έρευνας για Αναλφαβητισμό και Παιδιών-Γονέων, στον Βόλο. (1979-85)
   β) Συμμετοχή σε πρωτότυπη κοινοτική εργασία στο Πήλιο. (1979-85)
   γ) Σχολές Γονέων Μαγνησία και Θεσσαλίας. (1979-85)
   δ) Στήριξη έργου Σωματείου «Φίλες της Αγάπης» Βόλου. (1979-85)
5. Δημιουργία Σώματος Εθελοντών για τα ΑΜΕΑ Θεσσαλονίκης και ιδιαίτερα για την πρότυπη Βιοτεχνική Μονάδα Ατόμων με Νοητική Υστέρηση στη Λακκιά. (1985-2002)
6. Μέλος του Δ.Σ. της Ένωσης Λογοτεχνών Βορείου Ελλάδος. (2003-2007)

Βιβλία

«Ντίκ Φίλε μου», «Λουκία», «Γιώργος», «Συνέχισε να ονειρεύεσαι» «Δύο αγάπες μια ζωή» «Due amori un unica vita», ποίηση, «Κατάθεση Ψυχής». Αρθρογραφία σε εφημερίδες και περιοδικά από το 1975 μέχρι και σήμερα.

Η Άννα Τσιλιγκίρογλου - Φαχαντίδου γεννήθηκε στη Θεσσαλονίκη. Είναι πτυχιούχος της Ιατρικής Σχολής του Αριστοτελείου Πανεπιστημίου Θεσσαλονίκης.

Έχει δυο ειδικότητες:

α) Παιδιατρική και β) Κοινωνική Ιατρική

Το 1982 αναγορεύτηκε με άριστα διδάκτορας Ιατρικής. Έχει υπηρετήσει σαν Σχολίατρος από το 1976 ως το 1990. Επίσης υπηρέτησε ως Προϊσταμένη της Δημόσιας Υγείας στην Διεύθυνση Υγείας Θεσσαλονίκης. Από το 1990 υπηρετεί στο Α.Π.Θ. ως καθηγήτρια στο Τμήμα της Επιστήμης της Φυσικής και Αθλητισμού.

Στη σχολή αυτή είναι διευθύντρια του Εργαστηρίου Υγιεινής και Διατροφής Αθλουμένων.

Διδάσκει Υγιεινή, Διατροφή, Αρχές Σχολικής Υγιεινής και Ειδική Αγωγή.

Είναι συγγραφέας πολλών βιβλίων όπως Ανατομία Υγιεινής, Διατροφή για Υγεία, Άσκηση και Αθλητισμό, Παιδική Ανάπτυξη και Υγεία. Η Αντιμετώπιση των Δυσκολιών Μάθησης κ.ά.

Είναι μέλος πολλών επιστημονικών εταιρειών και συλλόγων. Έχει γράψει πάνω από 150 επιστημονικές εργασίες σε Ελληνικά και ξένα περιοδικά. Έχει γράψει πάνω από 100 άρθρα στον τύπο και έχει κάνει 120 διαλέξεις στο κοινό και ΜΜΕ.

Έχει χρηματίσει Πρόεδρος ΤΕΦΑΑ, αναπληρώτρια Πρόεδρος και Μέλος Συγκλήτου.

Από το 2006-2010 υπήρξε Πρόεδρος της Επιτροπής Κοινωνικής Πολιτικής. Με καινοτόμες δράσεις προσπάθησε να βελτιώσει την πρόσβαση των αναπήρων φοιτητών με ομιλίες: ειδικό όχημα και ειδικά σεμινάρια Ειδικής Αγωγής για την προαγωγή των δεξιοτήτων των αναπήρων. Προσπάθεια που συνεχίζεται μέχρι σήμερα.

Διακρίσεις

1. Ευαρέσκεια από το Υπουργείο Κοινωνικών Υπηρεσιών & Πρόνοιας, για δραστηριότητα πέραν των καθηκόντων (1980)

2. Βραβείο (Πανελλήνιο) Παιδιατρικής (1982)

3. Βράβευση από τον σύνδεσμο των γυναικών Μακεδονίας-Θράκης εν Αθήναις,, για αριστεία και εθελοντισμό (2011)

4. Βράβευση από την Φιλόπτωχο αδελφότητα ανδρών Θεσσαλονίκης για την εθελοντική της δράση (2011)
Ασχολείται με την ποίηση, λογοτεχνία, ζωγραφική και είναι μέλος της Ένωσης Λογοτεχνών και Ζωγράφων.

5. Βράβευση από τον οικουμενικό Πατριάρχη κ.κ. Βαρθολομαίο με τον αργυρό δικέφαλο της Καππαδοκίας (2014)
Μέλος Συλλόγου Ζωγράφων Θεσσαλονίκης , εταιρίας ελλήνων λογοτεχνών βορείου ελλάδος και Αμφικτυονίας του Ελληνισμού.

www.ingramcontent.com/pod-product-compliance
Lightning Source LLC
Chambersburg PA
CBHW042121040426

42449CB00003B/141